Dans la collection Mes premiers docs

animaux de la banquise
animaux du bord de l'eau
animaux des champs
animaux du désert
animaux de la ferme
animaux de la forêt
animaux des jardins
animaux de la jungle
animaux de la mer (disponible aussi avec des figurines)
animaux de la montagne
animaux de la savane
les requins (disponible aussi avec des figurines)

l'aéroport
le chantier
le cirque
la conquête spatiale
la danse classique
les dinosaures (disponible aussi avec des figurines)
étoiles et planètes
la ferme
la forêt
fruits et légumes
l'hôpital
les instruments de musique
les moyens de transport
les pompiers
le poney-club
le port
la ruche
les volcans
le zoo

www.editionsmilan.com

© 2003 Éditions MILAN – 300, rue Léon-Joulin, 31101 Toulouse Cedex 9, France.
Droits de traduction et de reproduction réservés pour tous les pays.
Toute reproduction, même partielle, de cet ouvrage est interdite.
Une copie ou reproduction par quelque procédé que ce soit, photographie, microfilm,
bande magnétique, disque ou autre, constitue une contrefaçon passible des peines
prévues par la loi du 11 mars 1957 sur la protection des droits d'auteur.
Loi 49.956 du 16.07.1949
ISBN : 2.7459.0776.X

Dépôt légal : 3e trimestre 2005
Imprimé en Belgique

les dinosaures

Texte de Stéphanie Ledu
Illustrations d'Anne Eydoux

MILAN
jeunesse

Sommaire

8 Qu'est-ce qu'un dinosaure ?

10 La Terre des dinosaures

12 Le tyrannosaure

14 Le diplodocus

16 Le tricératops

18 Le stégosaure

20 L'ankylosaure

22 Le parasaurolophe

24 Le pachycéphalosaure

Pour mieux te représenter la taille des dinosaures, tu trouveras une petite silhouette d'homme sur chaque page. Compare-les !

28 Le struthiomimus

30 Le vélociraptor

26 L'iguanodon

31 L'archéoptéryx

25 Le baryonyx

Dans le ciel et dans la mer **32**

La fin d'un monde **34**

36 La redécouverte des dinosaures

Qu'est-ce qu'un dinosaure ?

Comme les lézards, les serpents ou les crocodiles, les dinosaures étaient des reptiles. Mais leurs pattes bien droites leur permettaient d'avancer plus vite.

Sous la peau, le corps est soutenu par un squelette, comme chez tous les vertébrés.

Le dinosaure a une peau épaisse recouverte d'écailles.

Nom de famille : dinosaure

Au XIXe siècle, de nombreux ossements de reptiles géants sont découverts en Angleterre. Un scientifique, Richard Owen, propose de réunir ces animaux dans un nouveau groupe. Il invente le mot « dinosaure », qui signifie « terrible lézard » en grec.

Comme tous les reptiles, les dinosaures grandissaient toute leur vie, à un rythme lent mais régulier.

Ce troodon, qui vivait
il y a 75 millions d'années,
est l'un des 800 dinosaures connus
à ce jour. Chaque mois, en moyenne,
on trouve une nouvelle espèce dans
le monde… et il en reste encore
des milliers à découvrir !

Bâtis pour marcher

Les crocodiles ont les pattes
écartées et dépensent beaucoup
d'énergie pour avancer.
Les dinosaures, eux, reposaient
sur des pattes bien droites,
qui les rendaient plus agiles
et plus endurants.

crocodile

dinosaure

La femelle pond des œufs à coquille dure.

On a retrouvé de très nombreux
gisements d'œufs de dinosaures,
mais il ne reste souvent que des coquilles
brisées. Les œufs intacts, contenant
le squelette du bébé dinosaure,
sont extrêmement rares.

Classer les dinosaures

Les scientifiques
classent les
dinosaures en
2 grands groupes,
d'après la forme
de leur bassin.

**Les « saurischiens », ou dinosaures
« à bassin de lézard », regroupent tous
les carnivores et les herbivores à long cou.**

**Les « ornithischiens », ou dinosaures
« à bassin d'oiseau », regroupent
tous les autres herbivores.**

10 La Terre des dinosaures

Les dinosaures ont été les maîtres de la Terre pendant 165 millions d'années. Entre le début et la fin de ce très long règne, notre planète a connu d'énormes changements.

Les dinosaures sont apparus au milieu du Trias. Le climat était chaud et humide.

Eudimorphodon, carnivore

Zoraptor, carnivore

Coelophysis, carnivore

Thecodontosaurus, herbivore

Le temps des dinosaures

Le règne des dinosaures est partagé en 3 grandes périodes :

– 4,6 milliards d'années : âge de la Terre

– 245 MA* : Trias

– 230 MA* : apparition des dinosaures

– 205 MA* : Jurassique (âge d'or des dinosaures)

– 135 MA* : Crétacé

Plateosaurus, herbivore

La végétation se composait de fougères et de sortes de petits palmiers. Les premiers arbres étaient les gingkos et les conifères. L'herbe et les fleurs sont venues plus tard, au Crétacé.

D'autres animaux peuplaient déjà la Terre : les araignées, les scorpions, les libellules, les tortues, les crocodiles, les poissons…

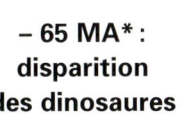

– 65 MA* : disparition des dinosaures

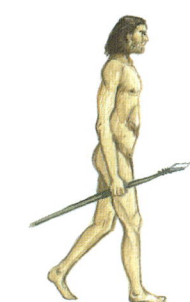

– 90 000 ans : *Homo sapiens sapiens* (notre ancêtre direct)

Imagine ! Si la Terre avait 100 ans, les dinosaures auraient vécu pendant 3 ans et demi… et l'homme serait apparu il y a seulement 10 minutes !

MA* : millions d'années.

Tapis roulant

L'intérieur de la Terre est constitué de roches fondues. En bougeant, ce magma fait s'écarter ou se rapprocher les continents de quelques centimètres par an, comme sur un tapis roulant. Au cours des millions d'années passées, voici les continents que connurent les dinosaures.

Au Trias, un immense océan entoure un seul continent.

Au Jurassique, la Pangée (le continent unique) se sépare en 2 grands blocs.

Au Crétacé, les 2 continents se fractionnent encore. La Terre commence à ressembler à celle que nous connaissons.

12 Le tyrannosaure

Le « roi » des dinosaures était l'un des plus féroces !
Ce monstrueux carnivore parcourait en solitaire les forêts
du Crétacé. La gueule grande ouverte, il aurait pu engloutir
un homme debout !

Son nom signifie « reptile tyran ».

Le tyrannosaure vivait à la fin du Crétacé, entre – 68 et – 65 millions d'années.

Il pesait 5 tonnes, mesurait 6 m de haut et 13 m de long !

Le tyrannosaure n'était pas très rapide : il ne poursuivait pas ses proies, mais chassait à l'affût. Son attaque était soudaine et terrible : il bondissait toutes griffes dehors et mordait cruellement sa victime, lui brisant les os.

Terrifiant allosaure !

90 millions d'années avant le tyrannosaure, l'allosaure était le prédateur le plus répandu du Jurassique. Il maintenait sa proie avec les griffes de ses pattes avant et lui donnait de grands coups avec sa mâchoire supérieure, comme avec une hache.

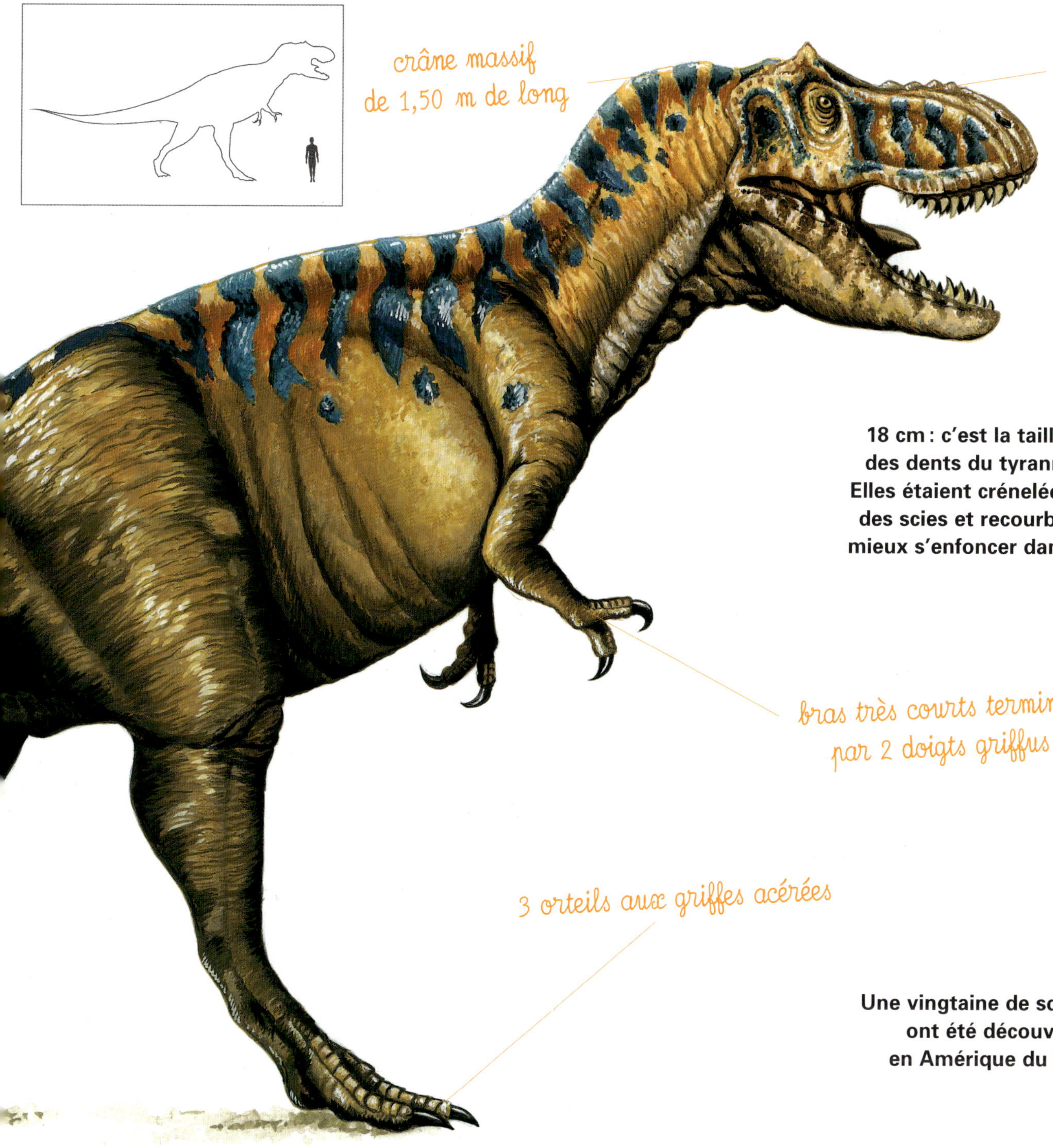

crâne massif de 1,50 m de long

yeux dirigés vers l'avant, pour une meilleure vision

18 cm : c'est la taille record des dents du tyrannosaure. Elles étaient crénelées comme des scies et recourbées pour mieux s'enfoncer dans la chair.

bras très courts terminés par 2 doigts griffus

3 orteils aux griffes acérées

Une vingtaine de squelettes ont été découverts en Amérique du Nord.

Minicarnivores

Tous les carnivores n'étaient pas des géants. *Compsognathus*, qui se nourrissait de lézards et d'insectes, n'était pas plus gros qu'un poulet ! Il vivait au Jurassique.

14 Le diplodocus

Son nom signifie « double poutre » ! Le long cou et l'interminable queue de cet herbivore géant assuraient son équilibre. Imagine le bruit de ses pas lorsqu'il avançait dans la plaine !

Le diplodocus mesurait 27 m de long : 8 m pour le cou, 5 m pour le corps, 14 m pour la queue.

Sa longue queue lui sert de balancier pour garder l'équilibre.

L'empreinte fossilisée de ses pas a permis de calculer sa vitesse : 4 km/h.

Attaqué par un allosaure, le diplodocus fait claquer l'extrémité très fine de sa queue comme un fouet. Une arme cinglante qui empêche le carnivore d'approcher !

À quelle hauteur ?

Le diplodocus ne broutait pas le sommet des arbres. En étudiant la structure de son cou, on a compris qu'il ne pouvait pas le lever très haut. Les scientifiques pensent donc qu'il se nourrissait à sa hauteur et près du sol, en « ratissant » la végétation autour de lui.

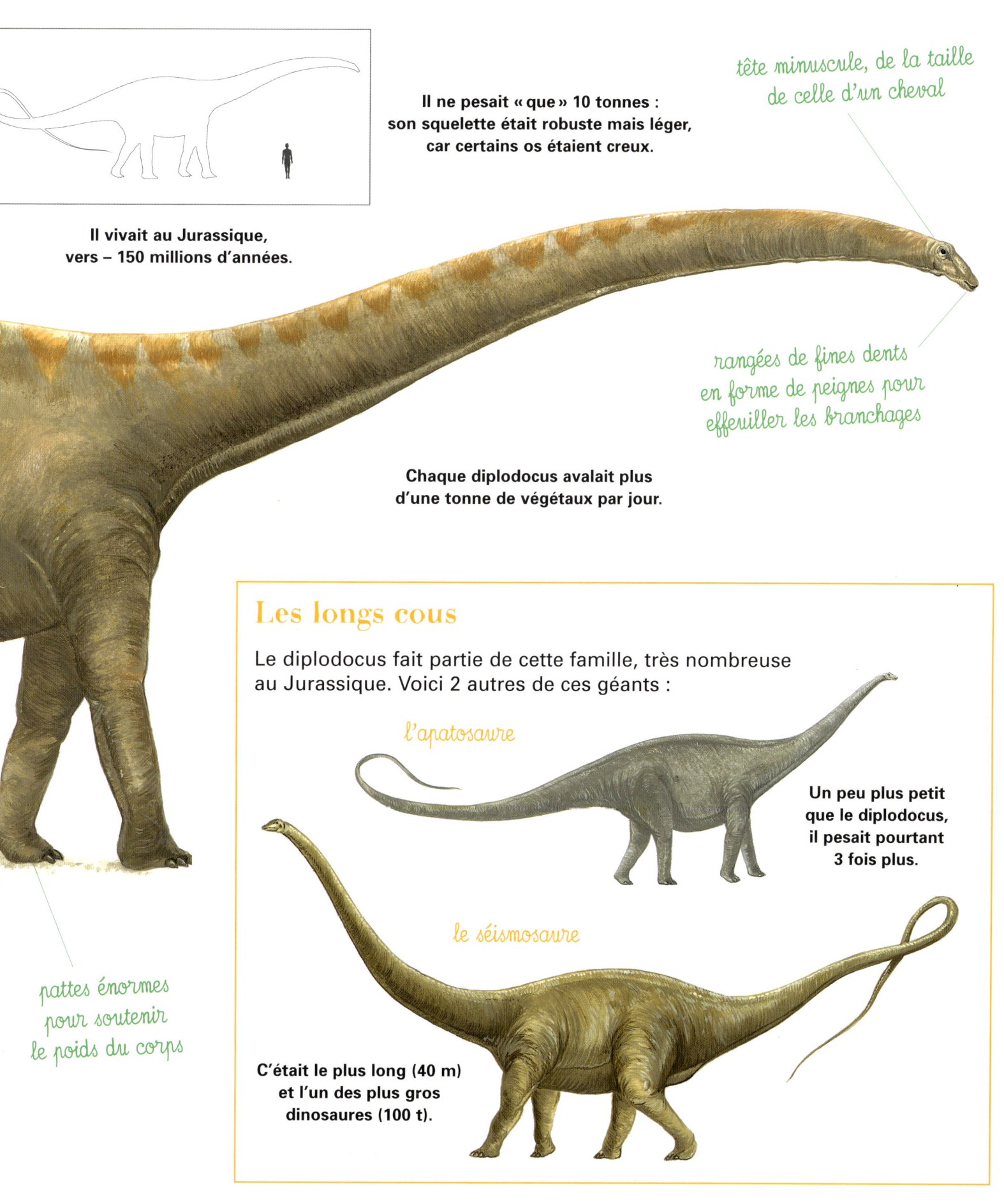

Il vivait au Jurassique, vers – 150 millions d'années.

Il ne pesait « que » 10 tonnes : son squelette était robuste mais léger, car certains os étaient creux.

tête minuscule, de la taille de celle d'un cheval

rangées de fines dents en forme de peignes pour effeuiller les branchages

Chaque diplodocus avalait plus d'une tonne de végétaux par jour.

pattes énormes pour soutenir le poids du corps

Les longs cous

Le diplodocus fait partie de cette famille, très nombreuse au Jurassique. Voici 2 autres de ces géants :

l'apatosaure

Un peu plus petit que le diplodocus, il pesait pourtant 3 fois plus.

le séismosaure

C'était le plus long (40 m) et l'un des plus gros dinosaures (100 t).

16 Le tricératops

Avec ses cornes, il ressemblait à un rhinocéros ! Ces deux animaux n'ont pourtant aucun lien de parenté… mais en cas d'attaque, l'un et l'autre fonçaient tête baissée sur l'adversaire pour le transpercer !

Avec ses 10 m de long et ses 6 tonnes, le tricératops était le plus grand des dinosaures à cornes. Tous vivaient au Crétacé.

queue assez courte

Le torosaure

De tous les dinosaures à cornes, c'est lui qui possédait la collerette la plus impressionnante ! Elle protégeait sa nuque contre les dents et les griffes des prédateurs, et servait peut-être aussi aux mâles pour séduire les femelles.

pieds larges comme ceux d'un éléphant

« Tricératops » signifie « face à 3 cornes ».

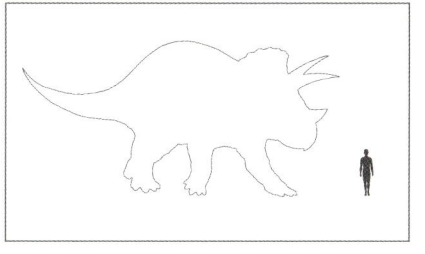

Attaquer un tricératops était risqué : avec ses cornes effilées de plus de 1 m, il pouvait facilement éventrer un tyrannosaure. On pense que les mâles rivaux s'affrontaient aussi entre eux, comme font les cerfs avec leurs bois.

collerette osseuse

cornes acérées

De nombreux fossiles

Des centaines de crânes, de cornes et de dents de tricératops ont été découverts en Amérique du Nord. C'était l'un des dinosaures les plus répandus de son époque.

museau recouvert de corne, semblable au bec d'un perroquet

pattes avant puissantes pour supporter le poids de la tête

Capable de courir sur de courtes distances, le tricératops atteignait 20 km/h.

Cônes, aiguilles de pin… : l'alimentation du tricératops était composée de végétaux durs et piquants. Il se servait de son gros bec pour les trancher et de ses longues rangées de dents coupantes pour les hacher.

18 Le stégosaure

Les paléontologues qui ont découvert ce dinosaure l'ont baptisé « reptile à toit », car ils ont d'abord cru que ses plaques étaient disposées comme des tuiles sur son dos. Erreur !

2 rangées de plaques osseuses plantées dans la peau épaisse

queue courte aux muscles puissants

corps massif

Les plaques agissaient comme des radiateurs. Lorsque le stégosaure s'exposait au soleil, le sang qui y passait se réchauffait, puis diffusait la chaleur dans tout son corps. Lorsqu'il se mettait à l'ombre, le sang se refroidissait et rafraîchissait le dinosaure.

4 épines défensives effilées de 80 cm de longueur

Les dinosaures à plaques

Tous les restes de stégosaures ont été découverts en Amérique du Nord. Il était le plus grand des dinosaures à plaques, une famille répandue dans le monde entier à la même époque. En voici 3 autres espèces :

le kentrosaure (Afrique)

Le plus grand stégosaure connu mesurait 9 m de long et 7 m de haut. Il pesait 2 tonnes.

Pas si bête !

De tous les dinosaures, le stégosaure possédait le plus petit cerveau par rapport à sa taille. Le sien n'était pas plus gros qu'une noix ! Il devait pourtant suffire à ses besoins, car cette espèce a vécu très longtemps sur Terre…

Son principal prédateur était l'allosaure.

Les stégosaures avaient de trop petites dents pour mastiquer les plantes coriaces. Alors, ils avalaient en même temps des pierres, les « gastrolithes », pour broyer tiges et feuilles dans leur estomac.

Le stégosaure vivait à la fin du Jurassique, de – 150 à – 140 millions d'années.

le tuojiangosaure (Chine)

le lexovisaure (Europe)

20 L'ankylosaure

De la tête jusqu'au bout de la queue, ce dinosaure était recouvert de plaques qui formaient une véritable armure. Il fallait bien cela pour se protéger des terribles tyrannosaures…

Le tyrannosaure approche… Il cherche à mordre l'ankylosaure au ventre, son seul point faible. Mais gare aux coups de massue qui pourraient lui briser une patte ! Pour le carnivore, incapable de se relever, une telle blessure signifierait la mort.

Son nom signifie « lézard soudé ».

queue terminée par des boules d'os soudés entre eux

Un des derniers dinosaures

L'ankylosaure est le plus grand dinosaure à armure connu. Il est aussi le dernier à avoir vécu, à la fin du Crétacé (de – 68 à – 65 millions d'années). Tous les fossiles d'ankylosaures ont été découverts en Amérique du Nord.

Il se nourrissait de pousses tendres et de plantes à fleurs, comme les magnolias.

L'ankylosaure mesurait 10 m de long et pesait environ 3 tonnes.

Une grande famille

Cet hylæosaure fait partie d'une autre famille de dinosaures à armure. Il n'avait pas de massue au bout de la queue. En cas d'attaque, il se plaquait au sol, comptant sur sa cuirasse et ses piquants pour décourager l'ennemi.

pointes acérées

plaques osseuses protégeant la nuque, le dos et les flancs

Tout autour de la tête, l'ankylosaure avait 4 cornes triangulaires.

grand bec édenté, avec des rangées de petites dents à l'arrière

22 Le parasaurolophe

Avec son immense crête, il avait vraiment une drôle de tête !
Les scientifiques ont longtemps cherché à quoi elle pouvait
lui servir : d'arme, de tuba pour respirer sous l'eau,
de « porte-voix »…

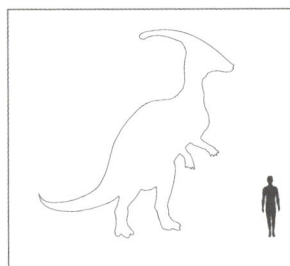

Il mesurait 10 m
de long et pesait
5 tonnes.

La crête servait sans doute à amplifier les cris du parasaurolophe.
En soufflant à l'intérieur, on obtient un son grave, semblable à celui
d'un trombone. Utile pour prévenir le troupeau d'un danger…
ou pour séduire une femelle !

Comme d'énormes vaches,
les parasaurolophes passaient leur temps
à brouter. Ils se nourrissaient d'aiguilles
de pin et de brindilles très coriaces
qu'ils broyaient avec leurs centaines
de petites dents.

queue courte

crête de 2 m de long

La crête des femelles était environ 2 fois plus petite que chez les mâles.

bec aplati

courtes pattes avant

Des fossiles ont été découverts en Amérique du Nord, où vivait le dinosaure à la fin du Crétacé.

Il ressemblait beaucoup à un autre dinosaure, le saurolophe, ou « lézard à crête ». On l'a donc baptisé « proche du lézard à crête » !

Les hadrosaures

Beaucoup d'hadrosaures (« dinosaures à bec de canard ») n'avaient pas de crête. Mais d'autres en possédaient de vraiment surprenantes !

crête en forme de tube creux, dirigée vers l'avant

le tsintaosaure

crête en forme de grande assiette

le corythosaure

24 Le pachycéphalosaure

Ce paisible herbivore vivait en troupeaux. Les mâles s'affrontaient en de terribles combats pour dominer et séduire les femelles.

Le dôme était plein et mesurait environ 25 cm d'épaisseur. Il continuait à croître jusqu'à la mort de l'animal.

dôme osseux

excroissances rondes et en forme de cônes

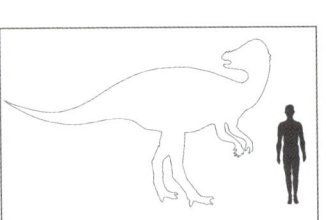

Il mesurait 4 m de long et pesait entre 1 et 2 tonnes.

Son nom siginifie « lézard à tête épaisse ».

courtes pattes avant

Tête-à-tête

Les mâles s'affrontaient en se poussant crâne contre crâne, ou en donnant des coups dans les flancs de l'adversaire.

Son squelette était très solide, pour encaisser les coup violents lors des combats.

Il vivait à la fin du Crétacé dans l'Amérique du Nord actuelle.

Le baryonyx

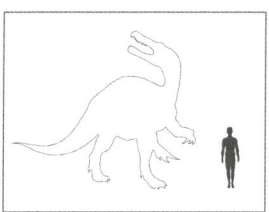

12 m de long pour près de 2 tonnes : le baryonyx était un très grand carnivore ! Pourtant, les dinosaures herbivores n'avaient rien à craindre de lui : il se nourrissait seulement de poissons, immenses eux aussi !

Les narines du baryonyx étaient situées en arrière du crâne. Ainsi, il pouvait continuer à respirer le museau dans l'eau.

dents fines et crénelées, pour agripper les poissons glissants

crâne aplati et allongé, comme celui d'un crocodile

Un pêcheur doué

Immobile, le baryonyx guette les poissons du fleuve. Puis, vif comme l'éclair, il happe une victime, qu'il ira dépecer sur la rive à l'aide de ses redoutables griffes.

À l'emplacement de son estomac, on a retrouvé des dents et des écailles de poissons géants mesurant plus de 4 m de long.

griffes de 30 cm de long

Ses restes ont été trouvés en Angleterre, où il vivait au début du Crétacé.

L'iguanodon

En Amérique, en Afrique, en Europe, en Asie… Partout dans le monde, on a retrouvé des fossiles très bien conservés d'iguanodons. C'est l'un des dinosaures que nous connaissons aujourd'hui le mieux.

Ils vivaient nombreux entre – 140 et – 100 millions d'années, durant le Crétacé.

corps trapu

queue droite qui assure l'équilibre

On pense que l'iguanodon possédait un doigt habile qui lui pemettait de saisir des branches.

On l'a appelé « dent d'iguane », car sa dentition ressemblait à celle de ce gros lézard.

Sur la pointe des pieds…

L'iguanodon marchait sur la pointe des pieds, comme un chien. Ses doigts, gros et solides, étaient terminés par des sortes de sabots. Pour se battre, il utilisait ses pouces en forme d'éperons très pointus.

patte antérieure

patte postérieure

long museau

Il mesurait 9 m de long et pesait environ 5 tonnes.

large bec en corne

Les squelettes ont souvent été trouvés dans les zones d'anciens marécages, lieu favori des iguanodons.

Une mine d'os

En 1878, des mineurs de Bernissart, en Belgique, découvrirent d'étranges objets en creusant une galerie. Ce qu'ils prirent d'abord pour des bouts de bois pétrifiés étaient en fait des os d'iguanodons. En quelques années, 39 squelettes presque complets seront extraits de la mine !

L'iguanodon se tenait le plus souvent à 4 pattes. Mais cet herbivore savait aussi marcher sur ses pattes arrière et se tenir debout pour brouter la cime des arbres.

28 Le struthiomimus

Son nom signifie « imitateur d'autruche », car sa silhouette rappelle beaucoup cet oiseau. Comme elle, ce dinosaure de la fin du Crétacé était bâti pour la course. Il fut l'un des animaux les plus rapides de tous les temps !

queue fine à l'extrémité rigide

Les fossiles de struthiomimus ont été trouvés au Canada. De nombreuses autres espèces de « dinosaures autruches » ont été découvertes aux États-Unis, en Mongolie et en Chine.

Des hordes de dinosaures

Les « dinosaures autruches » étaient sans doute des animaux vifs, toujours en alerte, aux sens très développés. On pense qu'ils vivaient en horde, comme ces gallimimus, une espèce découverte dans le désert de Gobi, en Mongolie.

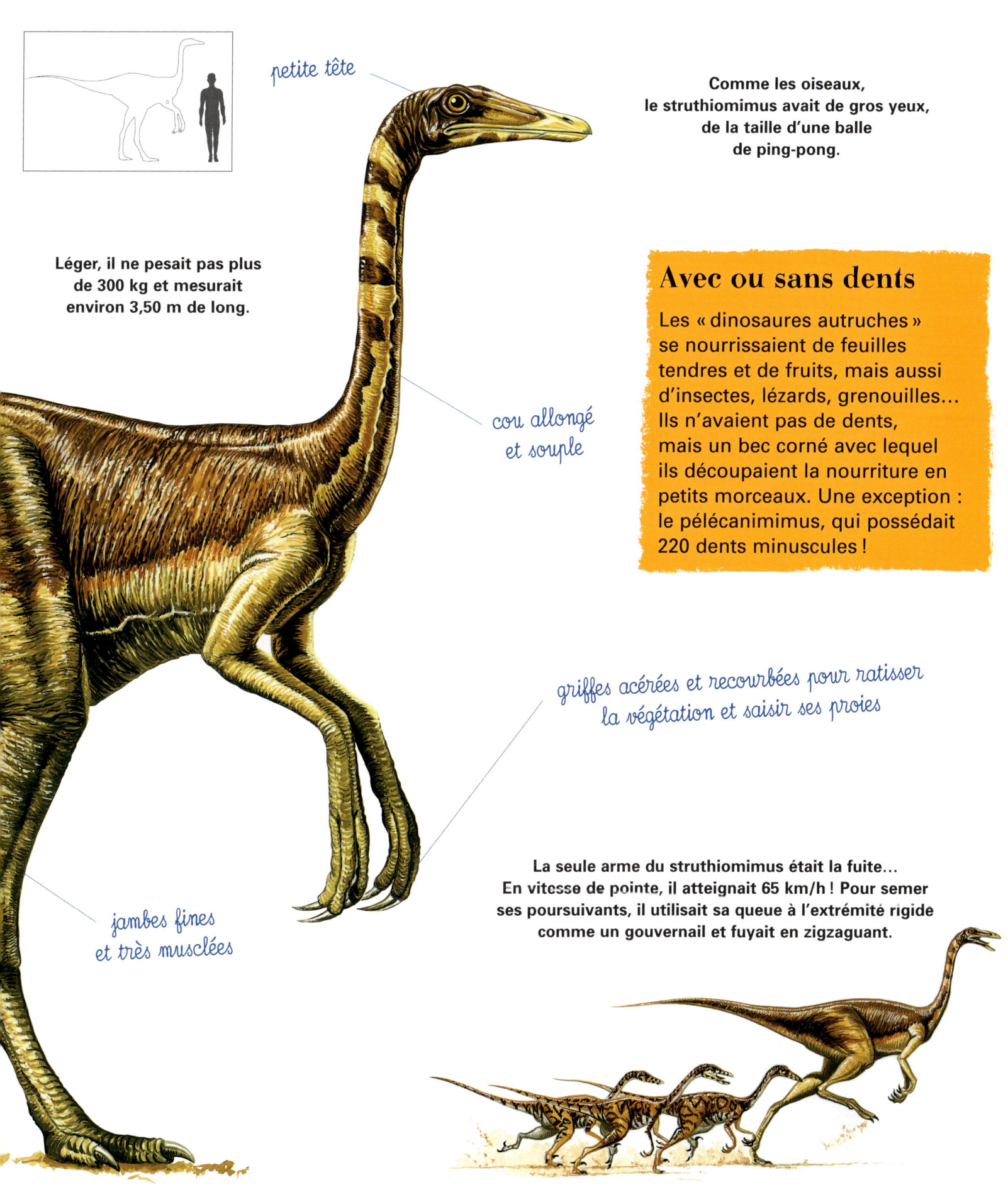

petite tête

Comme les oiseaux, le struthiomimus avait de gros yeux, de la taille d'une balle de ping-pong.

Léger, il ne pesait pas plus de 300 kg et mesurait environ 3,50 m de long.

cou allongé et souple

Avec ou sans dents

Les « dinosaures autruches » se nourrissaient de feuilles tendres et de fruits, mais aussi d'insectes, lézards, grenouilles… Ils n'avaient pas de dents, mais un bec corné avec lequel ils découpaient la nourriture en petits morceaux. Une exception : le pélécanimimus, qui possédait 220 dents minuscules !

griffes acérées et recourbées pour ratisser la végétation et saisir ses proies

jambes fines et très musclées

La seule arme du struthiomimus était la fuite… En vitesse de pointe, il atteignait 65 km/h ! Pour semer ses poursuivants, il utilisait sa queue à l'extrémité rigide comme un gouvernail et fuyait en zigzaguant.

30 Le vélociraptor

Ce petit dinosaure du Crétacé était un terrible chasseur, agile et féroce. Il a été découvert en Chine, dans une région où les scientifiques ont fait une autre trouvaille étonnante…

tête pointue

Son nom signifie « voleur véloce ».

dents recourbées comme des poignards

En 2001, en Chine, les restes d'un dinosaure proche parent du vélociraptor ont été découverts. Surprise : il avait des plumes ! Les paléontologues pensent donc qu'il est possible que le vélociraptor ait eu, lui aussi, un plumage. Comme d'autres dinosaures peut-être…

Il s'attaquait en horde aux gallimimus et aux protocératops, cousins asiatiques des tricératops.

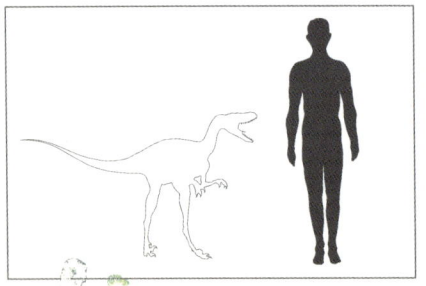

Il mesurait 1,80 m de long et pesait 15 kg.

griffes en forme de faucilles, utilisées pour éventrer les proies

Les « raptors »

Ce mot signifie « voleur » ou « chasseur ». Il fait partie du nom de nombreux dinosaures : éoraptor (« chasseur de l'aube »), oviraptor (« voleur d'œufs »)… Pour les scientifiques, le terme « raptor » désigne en réalité un groupe d'oiseaux de proie actuels.

L'archéoptéryx 31

De nombreux scientifiques pensent que les oiseaux actuels sont les descendants d'un petit groupe de dinosaures. La preuve : l'archéoptéryx, un étrange animal du Jurassique qui présentait à la fois des caractères d'oiseau et de reptile.

Son nom signifie « vieille aile ».

7 squelettes d'archéoptéryx ont été découverts dans une mine de calcaire, en Allemagne. L'empreinte des plumes est bien visible, imprimée dans la roche très fine.

- longue queue osseuse (reptile)
- corps recouvert de plumes (oiseau)
- grands yeux et gros cerveau (oiseau)
- petites dents pointues (reptile)

Astuce !

Moins musclé que les oiseaux actuels, l'archéoptéryx ne volait pas aussi bien. Il grimpait d'abord aux arbres à l'aide des griffes de ses ailes, puis s'élançait pour planer sur de courtes distances.

32 Dans le ciel...

Au temps des dinosaures, la vie grouillait aussi dans les airs et dans les océans. Des reptiles carnivores, qui étaient leurs proches parents, avaient su, eux aussi, conquérir les meilleures places.

Le ptéranodon

Son envergure atteignait 5 m. Il nichait en groupe sur les falaises et survolait la mer pour pêcher avec son long bec édenté. Comme le pélican actuel, il possédait sans doute une poche pour stocker les poissons. En vol, sa crête lui servait de gouvernail.

grands yeux

Le dimorphodon

Il fait partie d'un groupe très ancien, apparu il y a 200 millions d'années. Sa longue queue était terminée par un gouvernail en losange. Léger et petit (1 m d'envergure), il se lançait de très haut et profitait des courants d'air pour planer.

Le ptérodaustro

bec recourbé

Ses mâchoires très allongées étaient tapissées d'une multitude de dents très fines. Il se nourrissait en écumant la surface de l'eau, bec ouvert. Le plancton et le krill (des crevettes minuscules) y restaient accrochés, comme dans les fanons d'une baleine.

Le quetzalcoatl

C'est le plus grand volatile de tous les temps. Son envergure approchait 12 m, la taille d'un petit avion de tourisme actuel ! Il vivait au Crétacé dans des marais, dont il fouillait avec son long bec les fonds boueux.

...et dans la mer

L'ichtyosaure

Sa silhouette rappelle celle d'un dauphin. Très répandu au Jurassique, cet animal de 5 m de long nageait à près de 40 km/h. Il happait poissons et calmars avec ses petites dents redoutables. Ses grands yeux en faisaient un excellent chasseur des profondeurs.

L'élasmosaure

Il faisait partie de la famille des plésiosaures, qui régnait sur les océans au Crétacé. Avec ses 14 m de long, dont 8 m pour le cou, c'était le plus grand de tous. Ses 4 grandes nageoires le propulsaient lentement dans l'eau. Il remontait à la surface pour respirer.

Le liopleurodon

Le géant marin du Jurassique était gros comme une baleine actuelle ! Il mesurait 25 m de long, pour un poids estimé à 150 tonnes. Armé d'immenses dents de 40 cm, ce terrible prédateur chassait les grands calmars et les ichtyosaures. Il n'avait aucun ennemi !

très fortes mâchoires

34 La fin d'un monde

Les dinosaures ont tous disparu, il y a 65 millions d'années : aucun fossile plus récent n'a été trouvé. Longtemps, on a cherché à comprendre les raisons de leur extinction brutale. Aujourd'hui, le mystère semble résolu.

En 1980, des géologues remarquent que les terrains de la fin du Crétacé contiennent beaucoup d'iridium. Ce métal est rare sur notre planète, mais abondant dans les météorites.
On commence donc à penser qu'une météorite géante a frappé la Terre, provoquant la mort des dinosaures.

ptéranodon

edmontonia

tyrannosaure

Gros caillou

En 1993, l'immense cratère de la météorite est découvert dans le golfe du Mexique. Le monstrueux « caillou » mesurait 10 km de diamètre (presque comme la ville de Paris) et pesait 1 000 milliards de tonnes. Il a heurté la Terre à une vitesse prodigieuse, provoquant une explosion qui a éliminé en quelques instants toute trace de vie à des milliers de kilomètres à la ronde.

pachycéphalosaure

météorite

volcan en éruption

Gaz toxiques

Au Crétacé ont lieu d'intenses éruptions volcaniques. En rejetant beaucoup de gaz toxiques, les volcans auraient aussi empoisonné l'air dans certaines parties du globe, et causé la disparition des animaux qui y vivaient.

Dans la zone où est tombée la météorite, tout se volatilise. Le choc va ensuite provoquer un gigantesque raz-de-marée et un tremblement de terre tellement violent qu'il se répercute sur toute la surface de la Terre.

alasmosaurus

Au moment de la chute de la météorite, tous ces dinosaures vivaient dans l'Amérique du Nord actuelle.

tricératops

Après la catastrophe

Le choc de la météorite a projeté dans l'atmosphère des poussières qui ont caché le soleil pendant des mois. Petit à petit, les plantes ont péri. Les dinosaures qui n'ont pas été tués sur le coup sont rapidement morts de faim : les herbivores d'abord, puis les carnivores.

La redécouverte des dinosaures

Vers 1840, les hommes ont compris que, bien avant eux, des reptiles avaient régné sur Terre. Depuis, partout dans le monde, des paléontologues, spécialistes des fossiles, recherchent et étudient les dinosaures…

Ce paléontologue taille un bloc de pierre tout autour du fossile.

petit marteau et burin, pour délimiter les contours de l'os

Au musée

Un sculpteur a réalisé des copies des vrais os du dinosaure, puis il les a fixés sur une armature métallique. Au fur et à mesure des nouvelles découvertes, il complétera ce « puzzle » géant !

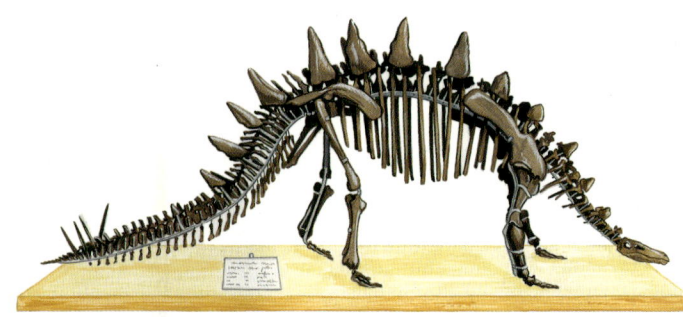

Avec son pinceau, ce paléontologue nettoie l'os de dinosaure.

Il est très rare de trouver un squelette de dinosaure complet.

liquide durcissant passé au pinceau sur les fossiles, très fragiles, pour les consolider

Le bloc contenant l'os est dégagé par la base. Il peut partir au laboratoire où les os seront extraits du plâtre avec précaution. Ils seront ensuite nettoyés, réparés, puis étudiés.

bandes plâtrées pour protéger les fossiles pendant le dégagement et le transport

La formation des fossiles

Un fossile, c'est un fragment d'animal ou de plante morts depuis très longtemps, conservé par le sol.

Un dinosaure meurt. Son cadavre tombe au fond du fleuve.

La chair se décompose. Bientôt, il ne reste que le squelette, enfoui sous la vase.

Au bout de millions d'années, les os se sont transformés en pierre : le dinosaure est « fossilisé ».